Ursel Scheffler

Lanzelotta Rittertochter
Das große Turnier

Bilder von
Barbara Scholz

Verlag Friedrich Oetinger · Hamburg

Erstlesebücher von Ursel Scheffler

Sonne, Mond und Sterne
Lanzelotta Rittertochter. Das große Turnier
Laterne, Laterne
Paula will eine Brille
Paula sieht Gespenster
Paula geht zur Schule
Paula und das Räuberfest
Paulas sieben Haustiere
Paula auf dem Ponyhof*
Paula macht Piratenferien
Paula macht das Seepferdchen

*Dieses Buch gibt es auch in englischer Sprache unter dem Titel *Paula on the pony farm* in der Reihe *Magic Lantern*, mit Vokabelliste und CD.

Geschichten von Paula auf CD/MC sind bei IGEL-RECORDS erhältlich.

© Verlag Friedrich Oetinger GmbH, Hamburg 2005
Alle Rechte vorbehalten
Einband- und Reihengestaltung: Ralph Bittner und Manfred Limmroth
Titelbild und farbige Illustrationen: Barbara Scholz
Reproduktion: Domino Medienservice GmbH, Lübeck
Druck und Bindung: Mohn Media, Gütersloh
Printed in Germany 2005
ISBN 3-7891-0614-3

www.oetinger.de

Auf Burg Drake

Kurz nach Mitternacht hört man das Geklapper von Pferdehufen. Waffen und Rüstungen klirren vor dem Burgtor.
Der Torwächter späht durch die Fensterluke in der Wachstube. Er ist vorsichtig. Im Augenblick ziehen Räuberbanden und plündernde Soldaten durchs Land.

„Mach schon auf, alte Schlafmütze!", ruft eine ungeduldige Stimme. „Ich bin's, Okko von Drake. Lass uns rein!"
Hastig entriegelt der Wächter das schwere Eichentor. Sechs müde Gestalten reiten in den Hof. Knechte eilen herbei und helfen Ritter Okko und seinen Begleitern beim Absteigen.
Von dem Lärm wacht auch Lanzelotta auf. „Papa!", ruft sie überrascht und stürmt die Treppe zum Burghof hinunter.

„Ich hab doch versprochen, dass ich zu deinem Geburtstag komm!", brummt Okko und drückt seine Tochter fest an die gepanzerte Brust.
„Aber Papa, der war doch schon gestern!", sagt Lanzelotta vorwurfsvoll.
„Du hast Recht!", sagt Ritter Okko und schmunzelt. „Es ist ja schon nach Mitternacht. Wenn der Kaiser seinen Kriegszug ein paar Stunden früher beendet hätte, wäre ich pünktlich gekommen!"
„Papa", sagt Lanzelotta und schnuppert. „Du stinkst wie eine Morchel aus deinem Brustpanzer!"

Okko lacht dröhnend und ruft:
„Habt ihr's gehört? Eine Stinkmorchel bin ich!
Sie hat Recht! Richtet ein Bad, aber schnell!"
Die Burgköchin Anna eilt in die Küche, um
Wasser für den Badezuber heiß zu machen.

Ihr Mann, der Burgschmied Volkmar, kümmert
sich draußen um Pferde und Rüstungen. Sein
Sohn Robin hilft ihm dabei. Er ist Lanzelottas
bester Freund.

„Was gibt's Neues, Volkmar?", erkundigt sich Okko.

„Neues? Im Grund immer das Alte: Täglich Ärger mit dem Krötensteiner!", brummt Volkmar. „Bei der Jagd lauert er unseren Leuten im Wald auf, und er hat verboten, dass sich seine Leute mit unseren Leuten treffen."

„Wir dürfen nicht einmal unseren Freund Jörgel besuchen", mischt sich Robin ein. „Sie haben Lanzelotta und mir mit Prügeln gedroht, falls wir uns noch mal der Burg nähern."

„Warum ist der so gemein, Papa?", fragt Lanzelotta.

„Da steckt ein hundert Jahre alter Streit dahinter", sagt Okko mit finsterer Miene.

„Die Krötensteiner behaupten frech, dass ihnen die Fisch- und Jagdrechte an der Drake gehören. Dabei gehören sie uns!"

„Kann man da nichts machen?", fragt Lanzelotta.
„Ich hab dem Kaiser davon erzählt. Er will dafür sorgen, dass die Sache geklärt wird."
„Aber wie?", fragt Lanzelotta.

Okko legt den Arm um Lanzelottas Schulter und sagt: „Nun, bald gibt es hier ein richtiges Turnier, Rittertochter. In drei Wochen schon. Kaiser Heinrich lädt dazu ein! Die Drakensteiner dürfen es ausrichten. Als Dank dafür, dass wir ihm beim letzten Kriegszug so tapfer zur Seite gestanden haben. Du kannst dir vorstellen, wie das den Krötensteiner ärgern wird!"

Er lächelt schadenfroh. „Ein Zweikampf am Ende des Turniers soll darüber entscheiden, wer die Jagd- und Fischrechte an der Drake bekommen soll."
„Ein richtiger Tjost?", fragt Robin.
Okko nickt. „So hat es der Kaiser bestimmt!"
„Ein Zweikampf zwischen der Kröte und dir? Aber Papa, den gewinnst du doch!", sagt Lanzelotta und lacht zuversichtlich.
Jetzt kommt Anna aus der Küche gelaufen und ruft: „Das Bad ist fertig!"
Lanzelotta nimmt ihren Papa an der Hand und zieht ihn zur Badestube.

„Wir hatten gestern schon ein Turnier", erzählt sie vergnügt. „An meinem Geburtstag! Schade, dass du nicht dabei warst. Anna und Volkmar haben es ausgerichtet. Es waren viele Kinder aus der Nachbarschaft da. Beim Lanzenwerfen hab ich gewonnen und beim Ringreiten der Jörgel!"

„Nanu, war Jörgel denn hier? Ich denke, ihr dürft euch nicht sehen?"
„Eigentlich nicht!", sagt Lanzelotta und lacht pfiffig. „Aber wir haben da unsere Tricks!"

Geheime Pläne

Die Nachricht von dem bevorstehenden Turnier sorgt für Aufregung im ganzen Land. Der Kaiser kommt schließlich persönlich! Da wollen alle dabei sein.

Der Höhepunkt des Turniers wird der „Tjost" sein: der Zweikampf zwischen Okko von Drake und dem Krötensteiner. Darauf warten alle mit Spannung. Alle bis auf Richard von Krötenstein. Der schleicht drei Tage mit finsterer Miene herum. Auf den Zweikampf mit Okko von Drake ist er nicht gerade versessen! Der ist im Kampf viel erfahrener als er. Aber dann hat er einen Plan. Er schickt einen reitenden Boten mit einer Geheimbotschaft zu seinem Freund, dem Kurfürsten Balduin von Trier. Der ist ihm noch einen Gefallen schuldig. Richard muss nicht lange auf Antwort warten.

Zwei Tage später schon bekommt er die Nachricht:
„Mach dir keine Sorgen. Hab gefunden, was du brauchst. Lieferung übermorgen. Balduin"

Richard verbietet seinen Leuten noch mal strengstens jeden Kontakt mit den Drakensteinern. Er wird fuchsteufelswild, als er erfährt, dass eine seiner Mägde auf der Kirmes in Drakenstein mit einem von Okkos Pferdeknechten getanzt hat.

„In den Kerker mit ihr!", befiehlt er wütend und lässt sie für drei Tage bei Wasser und Brot ins Turmverlies sperren.

Auch Jörgel darf Krötenstein nicht ohne Erlaubnis verlassen. Zum Glück hat er vor einiger Zeit im Brunnenschacht des Küchengartens einen Geheimgang entdeckt. Es ist ein alter Fluchtweg, wie es ihn fast in allen Burgen gibt. Durch Lichtsignale und Rauchzeichen vereinbart er mit Lanzelotta und Robin geheime Treffpunkte und schleicht sich dann aus der Burg.

So ist es auch diesmal: Heute hat er sich mit seinen Freunden bei der alten Mühle am anderen Ufer der Drake verabredet. Dort hat er vor ein paar Tagen einen Kahn im Schilf versteckt. Mit dem rudert er jetzt zum Treffpunkt hinüber.

Lanzelotta und Robin erwarten ihn schon.
„Da kommst du ja endlich!", ruft Lanzelotta erleichtert.
„Wir haben schon gedacht, die Kröte hat dich geschnappt", seufzt Robin.

„Ich hab eine Überraschung für dich!", sagt
Lanzelotta. Sie deutet auf einen Drahtkorb,
der mit einem Tuch zugedeckt ist.
„Da bewegt sich etwas. Was ist es? Eine
Katze?", fragt Jörgel.
„Nein. Eine Brieftaube! Ich hab sie von
unserem alten Falkner zum Geburtstag
bekommen. Er hat sie so abgerichtet, dass sie
immer zu meinem Turmfenster zurückfliegt."
„Für den Notfall", sagt Robin. „Wenn es für
die Lichtsignale zu hell und für die
Rauchsignale zu dunkel ist!"
„Großartige Idee!", findet Jörgel. Er nimmt die
Taube behutsam aus dem Korb und streicht
ihr über den Kopf. „Hat sie einen Namen?"

„Melusine", sagt Lanzelotta. „Es ist der Name einer guten Fee."

„Aus einem Märchen", sagt Robin. „Mama hat es uns immer erzählt, als wir klein waren."

Lanzelotta nickt. Sie erinnert sich noch gut daran. Da ihre eigene Mutter früh gestorben ist, war Robins Mutter ihre Pflegemutter.

„Der Krötensteiner führt etwas im Schilde!", sagt Jörgel. „Jedenfalls hat er in letzter Zeit bessere Laune. Wetten, dass er eine Schurkerei aushecht? Wenn ich herausgefunden habe, was er plant, schicke ich euch Melusine!"

Jetzt läuten die Kirchenglocken im nahen Kloster sechs Uhr.

„Oje, ich muss schnell zurück!", ruft Jörgel erschrocken. „Wenn ich beim Abendessen fehle, gibt es Ärger!"

„Wo treffen wir uns das nächste Mal?", fragt Robin.

„Beim alten Bootshaus auf der Krötensteiner Seite. Das kann ich leichter erreichen", antwortet Jörgel.
„Und wie kommen wir dahin?", fragt Lanzelotta. „Ohne Boot?"
Jörgel lächelt verschmitzt. Er befestigt das eine Ende einer langen Wäscheleine, die im Boot liegt, am Bug. Das andere Ende gibt er Lanzelotta und sagt:
„Damit zieht ihr den Kahn wieder über den Fluss herüber, sobald ich am anderen Ufer bin. Unter den Ästen der Trauerweide dort könnt ihr den Kahn gut verstecken."

Das Mühlengespenst

Ein paar Tage später schon bekommt Lanzelotta Luftpost: Sie wird vom Gurren der Brieftaube geweckt. Melusine sitzt auf der Fensterbank der Turmkammer und hat eine Botschaft von Jörgel mitgebracht!

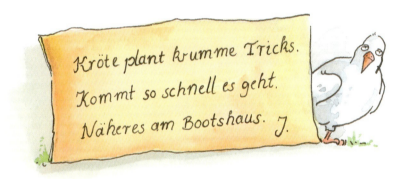

Kröte plant krumme Tricks.
Kommt so schnell es geht.
Näheres am Bootshaus. J.

Das klingt dringend! Lanzelotta läuft schnell die Turmtreppen hinunter.
„Robin! Robin!", ruft sie, als sie im Burghof angekommen ist.
Doch Robin antwortet nicht.

Sie läuft in die Burgküche, wo Anna die Morgensuppe zubereitet. Aber die klappert so laut mit den Töpfen, dass sie Lanzelotta erst gar nicht hört.

„Hast du Robin gesehen, Anna?", ruft Lanzelotta und zupft die rundliche Köchin am Ärmel.

„Robin? Der ist in aller Frühe schon auf den Markt gegangen, um Gewürze für mich zu kaufen", antwortet Anna.

„Sag ihm, ich bin am Fluss! Er soll nachkommen!"

Und schon ist sie verschwunden.

Anna sieht ihr kopfschüttelnd nach und murmelt: „Nicht mal gefrühstückt hat das Kind! Kein Wunder, dass es immer dünner wird."

Lanzelotta läuft den Burgberg hinunter zur Mühle an der Drake.

Seit der alte Müller vor einem Jahr gestorben ist, ist die Mühle unbewohnt. Manche Leute nennen sie die Geistermühle und behaupten, dass es dort spuke. Beim Tod des alten Müllers, erzählt man sich, sei es nicht mit rechten Dingen zugegangen. Aber Lanzelotta glaubt nicht an Gruselgeschichten und Mühlengespenster. Außerdem hat sie zusammen mit Robin und Jörgel in der Mühle nachgesehen. Da war außer ein paar Fledermäusen und Ratten überhaupt nichts Gruseliges zu entdecken.

Trotzdem hat sie ein komisches Gefühl, als sie allein vor der Mühle steht.
Wenn Robin nicht bald kommt, werd ich allein zum Bootshaus hinüberrudern, überlegt Lanzelotta. Sie geht auf die Weide zu, wo der Kahn versteckt ist.

„He! Halt!", ruft plötzlich eine eisige Stimme hinter ihr. Erschrocken dreht sich Lanzelotta um. Und dann steht es tatsächlich vor ihr, das Mühlengespenst!

Riesengroß, mit kräftigen Schultern und funkelnden Augen. Ganz und gar schwarz gekleidet ist es und es hat ein leichenblasses Gesicht! Lanzelotta läuft eine Gänsehaut über den Rücken.
Doch dann tritt das Gespenst ins Sonnenlicht. Lanzelotta atmet auf. Gespenster gehen niemals freiwillig ins Sonnenlicht: Das ist ein Mensch aus Fleisch und Blut, auch wenn sein Gesicht weiß wie Mehl ist!
„Was willst du hier?", fragt die unheimliche Gestalt.
„Ich will mit dem Kahn über den Fluss rudern!", antwortet Lanzelotta mit fester Stimme. Sie geht auf die alte Weide zu und schlüpft zwischen die Äste.
„Halt!", ruft der schwarze Mann energisch und läuft hinter ihr her. „Keinen Schritt weiter. Den Kahn brauche ich."
„Es ist mein Kahn!", sagt Lanzelotta trotzig.

„Aus dem Weg!", ruft der Mann und schiebt Lanzelotta beiseite. Er läuft auf den Kahn zu. Lanzelotta stellt ihm ein Bein. Der Mann stolpert und fällt.

„Na warte, frecher Fratz!", schnaubt er wütend, springt wieder auf und läuft hinter Lanzelotta her. Die rennt ins Mühlenhaus, zieht die Tür hinter sich zu und schiebt den Riegel vor. Der Mann flucht.
„Ist auch gut!", ruft er und lacht spöttisch.

Lanzelotta erkennt bald warum.
Ein knirschendes Geräusch verrät, dass
der Mann einen Mühlstein vor die Tür rollt.
Sie ist gefangen!
Kurz darauf beweist das Geräusch von
Ruderblättern im Wasser, dass sich der
Fremde mit dem Kahn davonmacht.

„Na gut. Das hätte noch schlimmer kommen
können", seufzt Lanzelotta, als ihre Wut

verraucht ist. „Aber wie komme ich aus der Mausefalle wieder heraus?"
Sie sieht sich um. Die Fenster der alten Mühle sind vergittert. Da kommen nur die Mäuse durch, die ihr jetzt um die Füße huschen. Und die Fledermäuse, die im Dachgebälk hängen. In der Ecke ist eine halb verfallene Holztreppe. Die führt auf den Mühlenboden. Ob es da oben ein Schlupfloch gibt, durch das sie entwischen kann? Flink wie eine Katze klettert Lanzelotta hinauf.
Aber die beiden Fenster im ersten Stock sind leider auch vergittert.
Lanzelotta entdeckt ein Strohlager und frische Obstreste. Der Fremde war also nicht zufällig hier. Er hat die Mühle als Nachtquartier benutzt! Was will der Kerl hier? Warum übernachtet er nicht in der Stadt? Oder bei einem der Bauern in der Scheune, wie es andere Reisende tun?

Lanzelotta klettert noch weiter nach oben. Durch eine Öffnung in der Decke erreicht sie den Lagerboden der Mühle. Aber auch von da gibt es keine Möglichkeit zu entkommen.

Durch eine Dachluke kann sie jetzt auf den Fluss sehen. In der Ferne entdeckt sie eine dunkle Gestalt, die gerade das Boot am anderen Ufer festmacht. Das ist der schwarze Mann! Wohin der bloß will?

Sie nimmt ihr rotes Halstuch und knotet es an einen Besenstiel. Den hängt sie aus der Dachluke. Damit Robin weiß, wo sie ist. Hoffentlich kommt er bald …

Retter Robin

„Lanzelotta hat überall nach dir gesucht", sagt Anna, als Robin vom Markt zurückkommt.
„Wo ist sie?", fragt Robin und stellt den Einkaufskorb auf den Küchentisch.
„Sie wartet am Fluss auf dich!", antwortet seine Mutter.
Robin schnappt sich einen Apfel und macht sich sofort auf den Weg. In großen Schritten läuft er den Weg zum Ufer der Drake hinunter.
„Lanzelooootta!", ruft er, als die Mühle in Sicht ist. Aber Lanzelotta ist nirgends zu sehen. Und der Kahn auch nicht. „Dann ist sie wohl schon hinübergerudert", murmelt Robin ein bisschen ärgerlich. Er wirft den abgegessenen Apfel in flachem Bogen über die Wasserfläche und murmelt: „Und was mach ich jetzt? Ohne Boot?"
Plötzlich hört er über sich Lanzelottas Stimme:

„Robin! Hier bin ich! Hol mich raus!"
Robin sieht nach oben. Aus der Dachluke ragt der Besenstiel mit Lanzelottas rotem Halstuch.

„Wie kommst du da hinauf? Kannst du fliegen?", ruft Robin.
„Nein, aber platzen. Und zwar vor Wut. Ein Räuber hat mich eingeschlossen und unseren Kahn geklaut!"
„Warum bist du auch allein zum Fluss gegangen und hast nicht auf mich gewartet?", fragt Robin vorwurfsvoll.
„Es kam Brieftauben-Post von Jörgel. Kröte plant irgendeine Schurkerei! Aber jetzt hol mich erst mal hier raus!"

Es ist allerdings auch für den kräftigen Sohn eines Hufschmiedes nicht so einfach, den schweren Mühlstein beiseite zu rollen.
„Nun mach schon", drängt Lanzelotta von der anderen Seite der Tür ungeduldig.
„Wenn das so leicht wäre!", keucht Robin.
Endlich bewegt sich der Stein und die Tür lässt sich öffnen.
„Danke!", sagt Lanzelotta erleichtert, als sie ins Freie schlüpft.
„Aber wie kommen wir jetzt über den Fluss?", überlegt Robin.

„Wir schwimmen", sagt Lanzelotta kurz entschlossen. „Wozu haben wir im letzten Sommer schwimmen gelernt?"
„Wie seht ihr denn aus!", ruft Jörgel, als Lanzelotta und Robin wenig später in nassen Kleidern beim alten Bootshaus ankommen.
„Wie zwei Ratten, die durch den Fluss geschwommen sind!", brummt Robin.
„Was hast du herausgefunden, Jörgel?", erkundigt sich Lanzelotta gespannt.
„Mein Vater musste Krötes Rüstungen umschmieden und weiter machen. Und er hat einen neuen, größeren Helm für ihn angefertigt."

„Vielleicht ist die Kröte dicker geworden?",
kichert Lanzelotta.
„Das glaub ich nicht!", sagt Jörgel. „Auf
Krötenstein gibt es nur magere Kost."
„Vielleicht will er den Helm an einen
Verbündeten verschenken?", überlegt Robin.
„Nein. Papa musste das Krötensteiner
Wappen darauf anbringen. Ich vermute …"
„… dass Kröte im Turnier einen anderen,
Stärkeren, für sich kämpfen lässt?", vollendet
Lanzelotta den Satz.
Jörgel nickt finster. „Das ist auch mein
Verdacht."

„Ich glaube, dann wissen wir, was zu tun ist", sagt Lanzelotta. „Wir werden Kröte, den Schuft, während des ganzen Turniers nicht aus den Augen lassen."

„Zu keinem ein Sterbenswörtchen! Wenn Kröte erfährt, dass ich euch gewarnt habe, dann geht's mir an den Kragen", sagt Jörgel finster.
„Du bist ein echter Freund", murmelt Robin und klopft ihm auf die Schulter.
„Fort jetzt!", drängt Jörgel. „Damit euch keiner entdeckt!"

Das Turnier

Am Morgen des Turniertags ist die ganze Stadt auf den Beinen. Am Straßenrand sind Buden und Verkaufsstände aufgebaut. Neugierige von nah und fern strömen herbei. Gaukler, Wahrsager, Magier, Würstchenbrater, Waffelbäcker und Feuerschlucker mischen sich unter das Volk auf der Straße.

„Das sind mehr Händler als beim Jahrmarkt im Herbst", staunt Volkmar, als er am frühen Morgen Pferde und Rüstungen zum Turnierplatz bringt.

Dort werden vor Kampfbeginn die Waffen und Rüstungen der Teilnehmer ausgestellt, damit alle sie bewundern können.
Robin hilft ihm dabei.
Auf der Wiese neben dem Turnierplatz sind Rundzelte zum Umkleiden für die Ritter und ihre Knappen aufgebaut.
Die Zelte von Okko von Drake und von Richard von Krötenstein sind durch einen hohen Zaun getrennt. Noch sind sie leer!

Gegen Mittag geht ein Raunen durch die Menge: Der Festzug kommt!
Kaiser Heinrich fährt in einer Kutsche zum Turnierplatz. Ihm folgen die Ritter zu Pferd in bunt bestickten Waffenröcken. Sie werden von Knappen und Pagen begleitet, die Wimpel und Fahnen schwenken. Musikanten mit Trompeten, Trommeln und Pfeifen reiten nebenher.
Überall sieht man die roten Fahnen mit dem Feuer speienden Drachen der Ritter von Drake und die froschgrünen Wimpel der Krötensteiner.

Lanzelotta steht am Straßenrand, wie die anderen. Als der Festzug auf den Turnierplatz zustrebt, klettert sie auf die Tribüne, die für die Ehrengäste aufgebaut ist. Drachenwappen auf den Bänken zeigen, wo die Plätze für die Freunde und Bewohner von Burg Drake sind. Anna sitzt schon da und fragt: „Wo ist Robin?"

„Er kommt später", sagt Lanzelotta. „Wir wechseln uns ab. Einer beobachtet immer das Zelt von Kröte. Der führt etwas im Schilde!"

„Ich weiß! Volkmar und Robin haben gestern beim Abendessen darüber gesprochen", sagt Anna und beißt in eine Birne. „Hast du Hunger?" Sie deutet auf ihren Picknickkorb.

„Ich bringe jetzt keinen Bissen runter", versichert Lanzelotta.

„Der Kaiser!", ruft einer.

Das Gemurmel auf der Tribüne verstummt. Alle sehen jetzt neugierig nach unten. Dort steigt der Kaiser aus der Kutsche. Er nimmt mit seinem Gefolge in der ersten Reihe der Tribüne Platz.

Sechs Herolde verkünden jetzt mit Fanfaren den Beginn des Turniers.

Die Teilnehmer reiten in ihren bunten Waffenröcken einzeln auf den Turnierplatz. Sie verneigen sich vor dem Kaiser und den Ehrengästen. Ein Herold nennt ihre Namen. Dann werden die Turnierregeln vorgelesen.

Danach ziehen sich die Ritter in die Zelte zurück und legen mit Hilfe ihrer Knappen die Rüstungen für den Kampf an.
Das Turnier beginnt mit einem Mannschaftskampf, dem Turnei.
Die Ritter aus zwei Mannschaften rennen gegeneinander an und versuchen, sich mit ihren Lanzen vom Pferd zu stoßen. Die Zuschauer feuern sie aus vollem Hals an.
Es wird mit stumpfen Waffen gekämpft. Trotzdem ist es nicht ungefährlich.
„Sie purzeln von den Pferden wie reife Äpfel", bemerkt Anna. „Mancher hat sich dabei

schon das Genick gebrochen. Das Ringstechen mag ich lieber." Sie deutet auf den Turnierplatz, wo jetzt die Kränze für das Ringstechen aufgehängt werden.
„Genau wie Robin", sagt Lanzelotta. „Ich lauf los und hol ihn! Das Ringstechen wollte er unbedingt sehen."

Ehe sich's Anna versieht, ist Lanzelotta verschwunden. Geschickt schlängelt sie sich durch die Menge und erreicht schließlich den großen Baum neben dem Zeltlager der Drakensteiner.

Dort hat Robin schon vor einiger Zeit seinen Beobachtungsposten bezogen.

„Hallo, Robin, alles in Ordnung?", ruft Lanzelotta halblaut.

„Ich kann kaum mehr sitzen", beschwert sich Robin. „Kröte ist drüben im grünweiß gestreiften Zelt. Nur sein Knappe ist bei ihm. Und der ist kleiner als er."

„Für wen sind dann bloß die neue, große Rüstung und der Helm bestimmt?", grübelt Lanzelotta.

„Keine Ahnung", brummt Robin, während Lanzelotta auf den Baum klettert und seinen Beobachtungsposten einnimmt. „Vielleicht kämpft er ja doch selber!"

Der unbekannte Ritter

Kaum ist Robin verschwunden, da entdeckt Lanzelotta zwischen den Zelten einen alten Bekannten. Sie erkennt ihn an den schwarzen Haaren und dem blassen Gesicht: das Mühlengespenst!
Es geht jetzt auf das Zelt des Krötensteiners zu. Die Zeltplane öffnet sich einen Spaltbreit. Eine Hand kommt heraus und zieht den Mann hinein.

Das ist also der Mann, für den die große Rüstung bestimmt ist! Und weil keiner wissen durfte, dass er in der Gegend ist, hat er sich in der Mühle versteckt! Groß und kräftig ist er. Bestimmt ist das ein Gegner, der nicht so leicht zu bezwingen ist!

Es dauert gar nicht lange, da kommt ein Ritter in schwarzer Rüstung aus dem Zelt.
Auf Brustpanzer, Helm und Schild prangt das Krötensteiner Wappen.

Die Wachen und Knappen helfen ihm aufs Pferd. Sie zweifeln anscheinend keinen Augenblick daran, dass es sich um ihren Herrn Richard von Krötenstein handelt.
Nur Richards persönlicher Knappe ist offenbar eingeweiht. Der kommt jetzt aus dem Zelt und stellt sich als Wache vor den Eingang.
„Ist doch klar, dass er das Zelt bewachen muss. Da sitzt ja noch die Kröte drin", murmelt Lanzelotta.
Und dann klettert sie vom Baum und rennt los. Sie hat genug gesehen. Jetzt muss sie unbedingt ihren Vater warnen.

Lanzelotta schlängelt sich durch die Menge, so gut sie kann. Doch die Leute stehen so eng gedrängt, dass sie kaum vorankommt. Als sie endlich den Turnierplatz erreicht, hat der Kampf schon begonnen. Der schwarze Ritter reitet gerade eine neue Attacke.
Okko von Drake wehrt sich mit kräftigen Gegenangriffen. Zweimal gelingt es ihm, den schwarzen Ritter mit dem Krötensteiner Wappen abzuwehren. Beim dritten Mal stößt ihn die Lanze des kräftigeren Gegners vom Pferd.
Jetzt muss er zu Fuß mit dem Schwert weiterkämpfen. So wollen es die Regeln.

Die Kampfbahn ist mit einer Holzbarriere abgeriegelt. Dahinter stehen die Menschen dicht an dicht gedrängt und recken die Hälse.
„Papa!", ruft Lanzelotta, die jetzt endlich an der Holzbarriere angekommen ist. „Papa! Es ist nicht der Krötensteiner!"
Aber ihre Stimme geht unter im Waffengeklirr und den Anfeuerungs-Rufen der Zuschauer.

Lanzelotta greift ein

Lanzelotta gibt nicht so leicht auf.
„Wenn mich Papa nicht hört, werd ich's eben dem Kaiser persönlich sagen", murmelt sie entschlossen. Geschickt klettert sie über die Umzäunung des Turnierplatzes und huscht unbemerkt an der Tribüne entlang auf die Kaiserloge zu. Das gelingt nur, weil die Augen der kaiserlichen Wachen jetzt gespannt auf den Turnierplatz gerichtet sind.
Dort kommt gerade der schwarze Ritter zu einer neuen Attacke angeprescht. Die Waffen klirren. Die Menge tobt.

Der Angreifer hat seinem Gegner das Schwert
mit solcher Wucht aus der Hand geschlagen,
dass Okko von Drake jetzt wehrlos am Boden
liegt.

Lanzelotta hat sich inzwischen bis zum Kaiser
vorgekämpft und ruft, so laut sie kann:
„Herr Kaiser: Das ist nicht der Krötensteiner!
Es ist ein Betrüger!"
Ihr ausgestreckter Finger zeigt auf den Mann,
den die Leute schon als Sieger feiern. Jetzt
werden einige auf das Kind aufmerksam, das
aufgeregt mit dem Kaiser redet. Ein Raunen
geht durch die Menge.

„Der Kampf ist entschieden!", ruft ein Begleiter des Kaisers laut. Es ist Fürst Balduin, der Bruder und wichtigste Berater des Kaisers.

„Heb die Hand, Heinrich!", fordert er seinen Bruder auf.

Der Kaiser zögert. Er sieht auf Lanzelotta, die immer wieder ruft:

„Betrug, es ist Betrug, Herr Kaiser! Er soll sein wahres Gesicht zeigen!"

Die Leute auf der Tribüne springen auf und reden aufgeregt durcheinander.

„Habt ihr gehört, was sie sagt? Ja! Der Schwarze Ritter soll sein Gesicht zeigen. Nehmt ihm den Helm ab!"

Als der Schwarze Ritter bemerkt, dass die Lage gefährlich wird, versucht er zu fliehen. Er gibt seinem Pferd die Sporen und reitet auf das Holztor am Ausgang des Turnierplatzes zu. Aber dort steht Volkmar wie ein Fels in der Brandung. Er fällt dem Pferd in die Zügel und hält es am Zaumzeug fest. Das Pferd bäumt sich auf. Der Reiter zückt das Schwert. Er will entkommen. Um jeden Preis. Aber er hat nicht mit den tüchtigen Pferdeburschen von Drake gerechnet. Sie stürzen sich auf ihn, bändigen das Pferd, packen ihn am Handgelenk und entreißen ihm die gefährliche Waffe.

Angeführt von Volkmar drängen sie das widerstrebende Pferd samt Reiter auf den Turnierplatz zurück. Direkt vor der Tribüne machen sie Halt.

„Lasst sofort den edlen Ritter los!", befiehlt Fürst Balduin energisch. „Er hat den Kampf gewonnen!"

„Helm ab!", ruft eine Stimme, die wie Annas Stimme klingt. „Helm ab! Helm ab!", erklingt es wie ein Echo von überall her.

Volkmar sieht den Kaiser fragend an.

„Nimm ihm den Helm ab!", befiehlt der Kaiser endlich.

Gespannt verfolgt die Menge, wie sich jetzt Volkmar hinter dem Reiter auf den Sattel schwingt und mit geübtem Griff den Helm mit dem Krötensteiner Wappen entfernt.
Glattes schwarzes Haar und ein blasses Gesicht werden unter dem Helm sichtbar. Wo doch jeder weiß, dass der Krötensteiner lockige rötliche Haare hat.
Das Spiel ist aus!
„Das Kind hat Recht! Es ist nicht der Krötensteiner!", ruft einer der Kampfrichter.

„Den kenn ich!", ruft ein Landsknecht überrascht. „Das ist Rochus, ein Faustkämpfer aus Xanten! Der ist schon vielen zum Verhängnis geworden! Aber ich dachte, der sitzt im Gefängnis. Er war in verschiedene Betrügereien verwickelt."

„Soviel ich weiß, wurde er letzte Woche von einer einflussreichen Persönlichkeit freigekauft", sagt ein Kaufmann aus Xanten. „Und ich kann mir auch denken, von wem." Er wirft einen argwöhnischen Blick auf den Bruder des Kaisers.

Okko von Drake sieht verwundert auf seine Tochter, die jetzt neben dem Kaiser steht. Es dauert ein bisschen, bis er begreift, was sie für ihn getan hat. Und dann wird ihm ganz warm unter dem Brustpanzer. Lanzelotta, seine Rittertochter! Sie hat den Turnier-Schwindel aufgedeckt und die Ehre von Drake gerettet.

Die kaiserlichen Kampfrichter stecken die Köpfe zusammen. Nach einer kurzen Beratung steht ihre Entscheidung fest:
Der Kampf endet unentschieden!

Okko von Drake hat den Tjost nicht verloren, da der Gegner gegen die Regeln verstoßen und betrogen hat. Aber gewonnen hat er ihn auch nicht.

„Die Sache wird ein Nachspiel haben!", sagt der Kaiser. „Die Angelegenheit muss genau untersucht werden."

„So ist es", pflichtet ihm Kurfürst Balduin bei. „Ich persönlich werde die Untersuchungen leiten!"

So bleibt der alte Streit zwischen den Drakensteiner und Krötensteiner Rittern vorerst ungeschlichtet.

„Danke, Lanzelotta, meine tapfere Rittertochter!", sagt Okko, als sie Seite an Seite nach Hause reiten. „Was wäre aus mir geworden, ohne dich?"
„Morchelmus!", sagt Lanzelotta und lacht vergnügt.

Sonne, Mond und Sterne

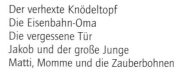

MARLIESE AROLD
Hexe Winnie und der Zauberigel
Hexe Winnie in der Zauberschule

KIRSTEN BOIE
Ein Hund spricht doch nicht mit jedem
Krippenspiel mit Hund
Kann doch jeder sein, wie er will
King-Kong, das Krimischwein
– 5 weitere King-Kong-Bände –
Lena wünscht sich auch ein Handy
– 6 weitere Lena-Bände –
Linnea klaut Magnus die Zauberdose

ERHARD DIETL
Die Olchis und der faule König
– 8 weitere Olchi-Bände –
Otto, der kleine Pirat
Otto und das Piratenmädchen

ZORAN DRVENKAR
Eddies erste Lügengeschichte
Eddies zweite Lügengeschichte
Eddie im Finale

ASTRID LINDGREN
Als der Bäckhultbauer in die Stadt fuhr
Pippi plündert den Weihnachtsbaum

BARBRO LINDGREN
Die Geschichte vom kleinen Onkel

PAUL MAAR
Das kleine Känguru lernt fliegen
– 3 weitere Känguru-Bände –
Der Buchstaben-Fresser

Der verhexte Knödeltopf
Die Eisenbahn-Oma
Die vergessene Tür
Jakob und der große Junge
Matti, Momme und die Zauberbohnen

CHRISTINE NÖSTLINGER
Quatschgeschichten vom Franz
– 14 weitere Franz-Bände –
Ein Kater ist kein Sofakissen

BETTINA OBRECHT
Nick und sein Lieblingstier
Nick und der neue Lehrer

JO PESTUM
Das kleine Mädchen und das große Pferd

HANS PETERSON
Als wir eingeschneit waren

URSEL SCHEFFLER
Lanzelotta Rittertochter. Das große Turnier

THOMAS SCHMID
Pippa Lieblingstochter
Pippa Lieblingsfreundin
Schulgeschichen von Pippa

WILHELM TOPSCH
Carlchen geht zur Schule

CHRISTA ZEUCH
Die kleine Hexe Xixibix
Xixibix macht Hexenfaxen

Weitere Informationen unter:
www.oetinger.de